*Che ti sia di ricordo per sbocciare ogni giorno, come la
farfalla dal suo bozzolo. Forza!
Marty.*

Questo libro lo dedico:

Alla mia famiglia, che mi è sempre stata vicina. In particolare ringrazio la mia mamma Paola, che nel suo piccolo, ha sempre cercato di alleggerire il mio dolore durante l'anoressia. A lei devo tutto. E a mio papà Marco, le sorelle Alessandra e Martina e gli zii, Stefania e Sandro, per essermi stati vicini.

Allo psichiatra, per avermi presa in cura per la prima volta, per essere stato gentile, professionale ed umano.

Alle operatrici del centro diurno.

Alla dott.ssa M., per avermi iniziata alla psicoterapia, scavando dentro di me e ai sorrisi che riusciva a strapparmi anche nei momenti peggiori.

Al Dottor DP., che anche se con i suoi modi buffi, mi ha sempre supportata e incoraggiata a non mollare.

Alla dietista B., che sin dal primo secondo in ricovero, mi ha spronata con il sorriso, riuscendo a farmi mangiare quello yogurt tanto temuto.

A tutti gli infermieri, in particolare agli infermieri della SPDC e ai tutti i miei compagni di reparto, specialmente ad Andrea che, comunque, mi ha aiutata molto a sbloccarmi.

All'infermiera Giulia, per essere stata una confidente e ad Adina, per essere stata un'amica, anche alla Lily per avermi sempre sgridata ma lasciandomi comunque con il sorriso.

Alla nutrizionista della comunità, per avermi incoraggiata e, quando (spesso) c'era bisogno, anche sgridata per bene, nonché abbracciata e coccolata quando mi trovavo in lacrime.

A Salvatore, che ha sempre pregato per me.

A Marta, Elisa, Ilaria e Martina, perché in loro ho trovato delle amiche speciali.

A Katia, per essermi stata vicino e per essere stata un'ottima professoressa.

A tutti i miei professori di scuola in particolare alla prof. Petrone, alla prof. Scali, alla prof. Zanini e al prof. Campagna, per avermi sempre incoraggiata senza mai mollare e supportata durante tutto il periodo scolastico e il seguente. Sono particolarmente devota a loro: si sono sempre interessati alla mia condizione, ovunque mi trovassi, trovando del tempo per me, per una chiamata, per una lezione online, e per strapparmi dei sorrisi.

Ed infine, ma non per importanza, a Mattia, il mio grandissimo cuoricino, e alla dott.ssa Gentile, che tuttora mi aiutano ogni singolo giorno.

E ai miei quattro nonni: Magno, Angela, Giuseppa e Giuseppe, per avermi protetta costantemente dal cielo.

Chi con un supporto, chi con un sorriso, chi con un abbraccio, chi con una lettera, chi con un pensiero, chi con una preghiera…

GRAZIE.

Indice:

1) La corda di violino

Era il 14 settembre 2020, una solita noiosa giornata di fine estate. A tavola non voglio mangiare e scatta la litigata, una delle tante del periodo. Dopo cena faccio una passeggiata in quartiere con mia sorella Martina e ne parliamo da sole. Inizia a piovere, io piango.

È un ricordo un po' offuscato questo.

Ma che cosa ti sta succedendo? Soffri di anoressia, Vere? Lei aveva avuto un problema d'ansia da piccola che le fece perdere molto peso, quindi sapevo che mi poteva capire e non giudicare.

Ma ti pare? Conto solo le calorie guarda! E le mostro la mia app contacalorie che segnava a fine giornata 300 kcal.

Lei sbianca improvvisamente. *Vere non va assolutamente bene! Tu SOFFRI DI ANORESSIA. Ti sembra normale mangiare 300 kcal in un giorno?*

Ci penso su. *Certo! Sono fin troppe!*

Ci rinuncia, mi abbraccia e io piango. *Be* (così ci soprannominiamo tra sorelle*), non voglio mangiare...sono grassa*, dico con un filo di voce.

Non ti preoccupare lo spiegherò io a mamma e papà, mi rassicura lei.

Torniamo a casa e raduna tutti: mamma e papà, Ale (la mia gemella) e persino la cagnolina, Kelly. **Che ci crediate o no, la Vere soffre di anoressia e dobbiamo portarla in cura subito!** disse mia sorella Martina. Il putiferio. Ricordo solo l'incredulità di tutti, i pianti e io che vado in cameretta a piangere, non riuscendo a sostenere la discussione. Che se la vedano loro: a me non interessa.

2) Un incubo di diciottesimo

Oggi dovrò mangiare fuori, la pizza, la torta e fingere di stare bene. Non ho voglia di vestirmi, di sorridere, di parlare con i miei amici, men che meno di mettermi in tiro. Ho mille paranoie per il mio corpo, per l'apparecchio che mi fa ancora più brutta, per il vestito che è troppo attillato e mi espone parecchio. A dir la verità ho provato tantissimi vestiti e alla fine ho fatto decidere a mia sorella perché io non mi vedo bene con nessuno. Vedranno tutti il grasso che ho sulla schiena, le mie cosce enormi, magari penseranno che sono un'ingorda, se mangio. Arrivano a casa i miei "migliori amici" di allora, se posso chiamarli così. Non me ne ero mai accorta prima, ma con loro non ero felice...

In pizzeria non ci saranno solo i miei invitati ma anche quelli della mia gemella, che non mi vedono tra l'altro da tantissimo tempo, perché sono rimasta quasi otto mesi a casa con la caviglia rotta. Questa maledetta caviglia sinistra, quel maledetto giorno in cui mi ubriacai con i miei "migliori amici" in darsena e finii per cadere dalle scale della metro rompendomi la caviglia. Non solo un male atroce, ma fu l'inizio vero e proprio della mia malattia. Allora, si parla prima del 7 aprile 2019, già mi pesavo quasi tutti i giorni. Infatti, rompendomi la caviglia, non riuscii più a pesarmi per due mesi, quindi iniziai a mangiare poco per paura di ingrassare, non potendomi muovere. Ritornando alla festa di compleanno, una volta arrivati in pizzeria, ognuno prende il suo posto. Io mi siedo tra il mio migliore amico e la mia migliore amica. Avevamo programmato questo

giorno da settimane, loro avevano capito che il cibo era diventato un problema e mi stavano vicini. Passano già tre pizze, ah è un giro pizza mi sono scordata di dirlo, ma io niente, non mangio. Alla fine prendo una fetta di marinara, una di Margherita e una gamberetti e rucola, la mia preferita. Così avanzo spazio e calorie per il dolce, perché quanto è brutto che la festeggiata non mangi la propria torta? Durante la serata ho avuto vari momenti in cui sono andata in bagno con la mia migliore amica piangendo, non riuscivo a mangiare, ogni morso era una fatica immensa e sentivo che quello che ingerivo si accumulava sulle mie spalle. Arriva la torta. Mi sforzo a fare un mezzo sorriso, rigorosamente a bocca chiusa, altrimenti si vede l'apparecchio, canzoncina, foto varie ed è arrivato il grande momento: l'assaggio. Dopo tanta titubanza prendo una forchettata molto piccola e la porto alla bocca: non mi piace per niente. Nella mia testa, come delle nuvole cupe, i pensieri si accumulano oscurando la mia vista. Sono calorie sprecate. Sento la panna che si accumula sulle spalle, me le massaggio istintivamente. È un tic, uno dei tanti tic ossessivi, mi diranno qualche mese dopo i miei specialisti che mi prendono in cura. Un tic che racchiude il mio disagio interiore, che mi accompagnerà per molti altri anni. Tuttora ce l'ho, e sono passati ben quattro anni. Riguardando le foto di quel giorno, vedo che ho gli occhi spenti, lo sguardo assente e la rotella nel cervello che gira e gira, sono visibilmente preoccupata e assente.
Ricordo solo il dolore di quel giorno che doveva essere di festa, la mia festa.

3) La diagnosi effettiva

I giorni passano molto lenti, c'è tanta tensione in famiglia e le discussioni sono all'ordine del giorno, soprattutto a tavola. Non ricordo molto di quei mesi. Era autunno e stavo andando all'ospedale per fare la prima visita dallo psichiatra specializzato in DCA. Io e mia mamma arriviamo davanti alla porta del reparto, ricordo che c'era una ragazza obesa in sala d'attesa, a giocare con il telefonino. Io istintivamente mi paragono a lei e i pensieri cominciano ad affollarsi nella mia mente. Arriva il dottore e ci fa compilare dei moduli per il COVID-19, poi entro da sola, mamma sta fuori. Lui mi porge una serie di domande che, a mio avviso, non hanno senso logico. È un personaggio atipico: lo studio pieno zeppo di carte e libri, modi goffi e molto simpatico. Ma a questo personaggio buffo, devo tutto. Infatti, è stato lui a prendermi in cura per la prima volta per anoressia nervosa e depressione, spiegandomi che sono molto magra e che ho bisogno di aiuto. Io gioco con i suoi evidenziatori colorati, gli faccio delle domande sconnesse tipo: lei dottore ha figli? È padre? E lui in tutta risposta mi chiede il mio autore di libri preferito. La conversazione è leggera, scollegata, cerca di mettermi a mio agio: sa che non ho voglia di parlare. Ricordo la sua passione per la lettura, di cui mi fece innamorare. Poi entra mia mamma da sola. Io ero dietro la porta ad origliare tutto, non curandomi della ragazza che mi guardava malissimo per ciò che stavo facendo. In sostanza, il dottore mi prese in cura proponendomi di iniziare a dicembre il day-hospital, facendo settimanalmente le visite al centro diurno.. Mi prescrisse anche dei farmaci per i quali io ero assolutamente contro perché non pensavo mi servissero, insistendo per non assumerli. Forse è stata quella la volta in cui impose la sua autorità di medico con me: l'unica volta. Nonostante l'avessi visto veramente poche volte, sono grata di averlo conosciuto nel mio cammino.

Qualche giorno dopo, i miei genitori e io partimmo per il mare in Liguria, dove andiamo da tanti anni. Fu un weekend terribile, ero triste, arrabbiata e pensavo solo alle calorie. Tra i miei "tic", mi strappavo la pelle dalle mani facendomi uscire il sangue. Non riuscivo a toccare nulla dal dolore. Una sera andammo al ristorante cinese e fu un'impresa colossale: mangiai neanche un terzo di riso in bianco, e quattro gamberetti al limone. Mio papà non capiva ancora la malattia e si arrabbiò molto, alzando la voce. Mi sentii guardata da tutti. Da quel giorno mi promisi di non entrare mai più in un ristorante.

La sera non dormii nemmeno, aspettai che i miei genitori andassero a letto per andare in bagno a fare esercizi per bruciare calorie. Io non vomitavo. Me lo ero imposta. Non ricordo altro di quel weekend, solo quella maledetta cena al ristorante cinese.

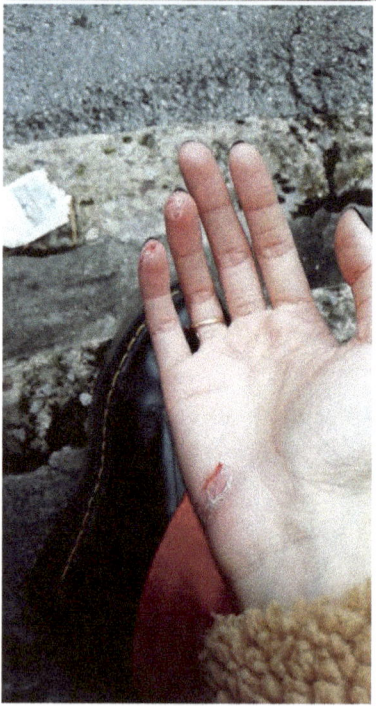

4) Il peso di uscire di casa

I giorni passavano, io conobbi i miei specialisti: l'endocrinologa, la dietista e la psicologa. Andavo sempre da sola alle visite e questo pensavo fosse una fortuna, che fossi indipendente e che avessi tutto il controllo. Tutt'altro. Questo peggiorò solo la situazione. Infatti, a distanza di anni, mi sento di consigliare di coinvolgere i parenti dei pazienti con disturbi alimentari, cosicché capiscano anche loro la situazione affinchè non precipiti e possano invece essere di supporto. I mesi passavano velocemente, il peso scendeva sempre di più: era in caduta libera. Volevo a tutti costi sapere tutto: peso, dieta, motivazione per assumere gli integratori (che puntualmente buttavo nel lavandino) e dei farmaci, persino i valori pressori, volevo sapere tutto al minimo dettaglio: più i miei valori erano bassi e più stavo meglio, secondo la mia logica. Ormai non andavo più a scuola, mi avevano dato la possibilità di seguire le lezioni online. Non uscivo più di casa, se non per andare in ospedale e per fare la spesa. Ricordo l'ansia prima di entrare in visita dall'endocrinologa, la vergogna che provavo nel momento di pesarsi e guardare il numero sulla bilancia, mi sentivo il grasso sulle spalle, piangevo. Ricordo la delusione di mia mamma quando la chiamavo subito dopo, con un filo di voce a tratti vittorioso, le dicevo *ho perso peso mamma, ma non capisco perché!* Invece lo sapevo benissimo, perché non dormivo alla notte per camminare e bruciare calorie facendo esercizi a corpo libero in cucina, cosicché nessuno mi sentisse. Ricordo quante volte buttavo l'integratore nel lavandino, poi dicevo a me stessa *oggi mi impegno* e la tiritera ricominciava.

Quando andavo a fare la spesa, invece, ero sempre felice! Non c'era mai una volta dove non accompagnassi mia mamma a fare la spesa. Ho provato anche a non sentirmi bene e andare comunque. Tutto questo perché al supermercato vedevo tanti cibi che non potevo mangiare perché erano troppo calorici e troppo elaborati. La spesa era un momento magico, e la mamma mi faceva andare con lei perché mi vedeva contenta, vedeva che abbozzavo un sorriso e probabilmente questa cosa la faceva sentire meglio, le dava speranza ma io fingevo! Ricordo in particolare un episodio: ero al supermercato un pomeriggio d'inverno, e stavo fissando il banco frigo per leggere tutte le calorie degli yogurt. Poi mi misi a piangere come una bambina, le persone mi guardavano e persino una signora si avvicinò per chiedermi cosa avessi che non andava. Insomma avevo attirato l'attenzione involontariamente, mi imbarazzai moltissimo, ma le volte successive lo feci comunque. Tutte le volte che andavo a fare la spesa con mamma, mentre lei metteva nel carrello i prodotti delle altre corsie, io stavo al banco frigo a contare le calorie degli yogurt. Era un'agonia andare a fare la spesa, mi veniva l'acquolina in bocca a guardare i dolci, a sentire l'odore del pane, a vedere l'acqua che stentavo a bere, ma erano tutte cose proibite e la mamma non poteva certo immaginare…

Il centro diurno

5) Il freddo nelle ossa

Immaginatevi di stare in costume da bagno in Groenlandia, tra i ghiacciai e la neve che scende a fiocchi prepotenti sulla vostra pelle nuda. Ecco, rendo (forse) l'idea del freddo che percepivo in casa nell'inverno del 2020, nonostante avessi una maglia termica, una felpa, il maglione di papà addosso, due leggings, le calze di spugna e gli stivaletti pelosi. Il mio corpo si era riempito del cosiddetto lanugo, una sottilissima peluria che, a detta dei medici, serviva come barriera per il freddo non avendo muscoli e adipe per scaldarmi autonomamente, un mezzo di difesa naturale. Aggiungete ai vestiti una tisana calda tra le mani, perché bevevo solo ed esclusivamente tisane fuori dai pasti, a gusti improponibili tipo "muffin al mirtillo" o "macaron al limone" facendomele piacere a tutti i costi. Ora non riesco più a berle, e ne ho ancora tante di scorta nella credenza in cucina perché ne compravo due pacchi ogni volta che andavo in day hospital, per paura che finissero dagli scaffali.

E' terribile provare quella gelida sensazione perenne nelle ossa nel corso della giornata, che a malapena ti fa muovere le dita delle mani.

Questa per me è l'anoressia: un freddo glaciale e una marea di bugie su bugie. L'anoressia ti fa raccontare tante ma TANTE di quelle bugie che non avete idea, e non sto scherzando.

Vi racconto un episodio…

Andando al centro diurno, un giorno, mi fermai a prendere il caffè all'ospedale, perché non avevo forze per muovermi. In quel periodo andavo avanti a caffè e sigarette. Come tutti i giorni, prima del pasto mi era stato prescritto dallo psichiatra l'alprazolam in gocce per rilassarmi durante il pasto. Quel giorno un tizio al bar mi urtò mentre ero in piedi a contare le solite gocce da prendere e mi cadde la boccetta intera del farmaco. Iniziai a piangere davvero forte e mi prese un attacco di panico vero e proprio. Mi arrabbiai con me stessa per non essere stata attenta e, non contenta, presi da terra il barattolino rotto non curandomi che potessi tagliarmi con il vetro e mi rovesciai direttamente in bocca quel che era rimasto all'interno con le persone che mi guardavano, poi chiamai mia mamma in panico e le raccontai, piangendo, cosa fosse successo, dicendole però che non avevo preso le gocce ovviamente. Poi con il farmaco che faceva il suo effetto uscii dalla caffetteria per dirigermi al centro come se nulla fosse accaduto.

6) Il Natale più triste di sempre

Il Natale mi è sempre piaciuto, e dico sempre!.
L'atmosfera natalizia, l'amore dei miei cari, le bancarelle
nel mio paese, l'odore di biscotti appena sfornati da
mamma, le lasagne di mia zia, il pranzo con tutti i miei
cugini e i miei parenti, i regali che tanto aspettavo tutto
l'anno... Insomma, è sempre stato un momento magico
e di estrema serenità. Tranne dal Natale 2018, in cui
iniziai a focalizzarmi sul cibo che era in tavola, sulla
bilancia e sulla mia forma fisica. Però il Natale peggiore
fu, decisamente, quello del 2020, nel pieno della
malattia. Quell'anno TUTTO era focalizzato sul cibo e
sull'attività fisica. Riconosco ad oggi quanto dolore recai
ai miei cari, involontariamente. Ricordo quella mattina
del 25 dicembre 2020, il raduno sotto l'albero di Natale
con le mie sorelle e i miei genitori, cagnolina compresa.
Ricevetti molti regali da tutti, ma quelli che mi colpirono
di più e che tuttora mi colpiscono furono quello delle mie
sorelle, che erano una tazza per lo yogurt rosa, un porta
bustine da tè e un set di piatti con decorato un girasole.
E quello dei miei, che era un libro di ricette vegane.
Tuttora mi stupisco di quanto fossi dentro la malattia e
quanto i miei cari cercassero di farmi contenta
assecondando le mie ossessioni a tavola, sperando che
mi facessero sentire meglio!. Sono molto affezionata a
questi regali tanto che tuttora li uso giornalmente.
Il pranzo fu uno strazio non solo per me, ma anche per
la mia famiglia. Eravamo a casa dei miei zii, decidemmo
di fare una cosa tranquilla tra di noi senza coinvolgere
tutti i parenti perché mi sarei sentita troppo a disagio.

Preparai tutto il pranzo per me a casa mia, impiattando in modo preciso ed impeccabile il cibo, non volendo che nessuno toccasse i piatti perché altrimenti me li scombinavano. Fu un Natale molto triste, se ci penso. Ero molto stanca, l'aumento dei farmaci si faceva sentire, e io mi addormentavo su tutto, qualsiasi cosa stessi facendo. Avevo tanto freddo, e contavo la singola caloria aggiuntiva che ingerivo.

Pranzo di Natale

❤️ 🎄 🎅

190g ‼️ di insalata di mare 🍱
150g di finocchio bollito e
saltato in padella al solito
modo 🥬
25g di mini bruschette al
rosmarino

forza.. ✌🏻💜

ho mangiato seguendo il piano (anzi, ho aggiunto 10g al
pesce!!)
mentre tutta la mia famiglia ha fatto il solito pranzone
con antipasti infiniti, lasagne, arrosto, bollito, patate e
dopo il dolce..
meglio non torzare.. apprezzo che non abbia fatto quasi
nessuno battute (qualcuna e basta..)

Stessa cosa quel Capodanno, sdraiata sul divano per tutta la sera, mezza addormentata a causa dei farmaci e delle poche energie che avevo in corpo. Ricordo di aver cucinato un dolce per me, una cosa abominevole: un pezzo di pasta fillo arrotolata con dentro mezzo cucchiaino di marmellata light ai frutti di bosco. La consideravo un'enorme vittoria! Tutti mangiavano il pandoro con il mascarpone e il panettone, io pensavo di essere felice con il mio rotolino di pasta fillo alla marmellata light. Assurdo, se ci penso. Mi sentivo forte riuscendo a non mangiare quei dolci così elaborati. Ero solo malata. Tanto malata.

7) Il nascondiglio dei biscotti (ritrovati)

Un mese passa e la situazione continua a peggiorare. Continuo a fare le visite e ad andare al centro a pranzo. Ricordo ancora la musichetta che sentivo in sottofondo durante il pranzo, una musica lirica/classica, per cercare di distrarci dai pensieri del cibo ma era tutto inutile.... Ancora adesso questa musica non riesco più ad ascoltarla, mi porta a brutti ricordi...Quarantacinque minuti di tempo per finire primo, secondo, verdure e frutta. Nemmeno un minuto in più, e il tempo non avanzava mai.

Ricordo i pasti dell'ospedale, erano anche relativamente buoni, se ci penso. Il gusto non l'ho mai perso, però mi privavo di tante, troppe cose. E non solo a livello alimentare ma anche a livello relazionale, come ad esempio una semplice uscita con i miei amici, i pochi amici che mi erano rimasti. Infatti io non volevo sentire nessuno, tranne i miei professori. Loro ci sono sempre stati, non solo per fare lezione online ma anche per chiedermi come stavo e fare una semplice chiacchierata quotidiana. Loro sono stati un grande appoggio esterno, ricordo quando chiamavo dopo il centro la prof Petrone, dicendole cosa avevo mangiato e se fossi riuscita, il più delle volte con esito negativo. Lei mi supportava sempre e soprattutto distoglieva l'attenzione dal cibo, parlavamo della maturità che sarebbe arrivata un po' di mesi dopo, parlavamo dei bei momenti passati a scuola negli anni passati e facevamo il cosiddetto gossip terapeutico, parlando di cose semplici che comprendono le classiche passioni femminili. Lei mi conosce bene e mi ascoltava parlare di profumi e delle mie passioni, le sono molto grata. Ho dei bellissimi ricordi di lei.

A casa le cose peggioravano sempre di più, la colazione era il momento peggiore, seguito dalla cena. Il primo pasto della giornata era una difficoltà perché spesso buttavo via l'integratore nel lavandino e nascondevo i biscotti, tutti i biscotti. Così come rimettevo nella scatola i cereali o posavo nella dispensa le fette biscottate. Il tutto di nascosto.

Un giorno mia mamma, però, se ne accorge. Probabilmente sospettava che lo facessi e venni colta in flagrante. Si arrabbiò molto ma poi, istintivamente, mi abbracciò piangendo. Avevo iniziato qualche settimana prima con uno, poi due, poi tutti e tre i biscotti. Ed erano tre i biscotti totali, per me già tantissimi.

Promisi a mia mamma che non l'avrei più fatto, ma il giorno dopo lo rifeci nascondendoli nella scatola che avevo sul comodino. Li trovò circa due settimane dopo proprio in quella scatola, tutti raffermi. Mi costrinse a dirlo all'endocrinologa e alla dietista. Mi proposero il ricovero.

Dovevo entrare in pieno inverno 2021 in una struttura fuori regione, feci la visita con il primario quattro giorni prima, due giorni dopo però scoprii di avere il covid19. Si interruppe il percorso al centro per tre settimane, posticipando il ricovero non appena fossi guarita.

Durante il Covid furono settimane infernali, rinchiusa nella mia cameretta da sola. Ogni tanto uscivo dalla mia camera, tutta bardata con doppia mascherina e guanti, per controllare la mamma che cucinava i miei pasti e, spesso, piangevo disperata perché mi sentivo da sola nonostante fossi in casa, semplicemente in un'altra stanza. Persi 8 kg. Stavo raggiungendo il mio peso più basso.

Centro riabilitativo ad alta intensità

8) Il caffè maledetto

Arrivò il giorno del ricovero in un ospedale riabilitativo specializzato in disturbi alimentari. Ricordo di essermi svegliata presto insieme ai miei genitori, le valigie le avevo fatte il giorno prima. Salutai le mie sorelle e partimmo.

Nevicava. Io guardavo fuori dal finestrino e pensavo come sarebbe stato, sicuramente un incubo. Ci fermammo in un autogrill per il solito caffè, l'ultimo a mia insaputa per tre mesi, e ricordo di aver scattato una foto con la mamma. Avevo messo il mio cappello preferito, quello a forma di orsetto, perché mi faceva sentire carina.

Il viaggio fu infernale, perché non riuscivo a stare ferma in macchina. Una volta arrivati facciamo l'accettazione e poi mi portano in reparto, dopo aver salutato i miei. Mi sistemano in una stanza singola, perché questa era la prassi per il COVID 19. Quel giorno fu terribile, anche se le infermiere ogni tanto venivano a parlare con me, mi sentivo sola. Venne un'infermiera a chiedermi se volevo un caffè e glielo chiesi rigorosamente senza zucchero. Ero contenta perché potevo bere il caffè. Quando me lo portò lo assaggiai un po' titubante, me lo diede con lo zucchero. Piansi, piansi tanto e lo buttai nel lavandino. La giornata fu all'insegna dell'iperattività in camera, conobbi separatamente i miei specialisti: lo psichiatra, che mi minacciò di darmi l'integratore perché non volevo mangiare…e la dietista. Lei mi illustrò la mia dieta, che all'inizio del percorso era molto molto bassa, ma io la vedevo comunque impossibile da seguire. Era giunta l'ora della merenda e io mi spaventai tanto vedendo due yogurt interi bianchi, ma lei mi incoraggiò e riuscii a mangiarne un cucchiaino con il suo supporto, piangendo: credevo che fosse una vittoria. Non sapevo ancora cosa mi aspettava in reparto, una dieta veramente alta e tante ragazze con il mio stesso disturbo.

I giorni passavano e la routine era sempre uguale: la mattina sveglia alle sette per fare un'ora di camminata nel parco per bruciare calorie (che non si poteva fare ma che facevo comunque), poi colazione di quindici minuti al tavolo assistito, ovvero controllato dalla dietista, poi a giorni alterni gruppi terapeutici che solitamente erano rilassamento post prandiale oppure gruppo iperattivitá, dove parlavamo dell'attività fisica compulsiva e ci fissavamo degli obiettivi settimanali oppure gruppo nutrizione, riguardante i macronutrienti e il loro aspetto benefico, oppure gruppo ascolto, che era una sorta di conversazione con gli specialisti riguardante diversi temi legati ai disturbi alimentari. Ma c'erano molti altri gruppi… Poi c'era una parte libera della mattinata, in cui solitamente facevo iperattività, qualche mese dopo iniziai a fare gioielli con perline per stare ferma.

Il pranzo durava quarantacinque minuti, ricordo i pianti, il gioco che a tavola facevamo noi pazienti per distrarci e il tortino alla ricotta tanto temuto da tutte, perché era al forno ma anche buonissimo. Croccante fuori e morbido dentro. Lo mangiai solo una volta in quel ricovero e promisi di rifarlo a casa, una volta uscita. Subito dopo pranzo c'era il solito monitoraggio che consisteva in stare in sala comune controllate dagli infermieri. Durante questo monitoraggio ognuna faceva ciò che più le garbava per distrarsi: chi giocava a carte, chi colorava, chi faceva perline, chi, invece, come me piangeva in un angolino con la testa tra le gambe, graffiandosi e pregando di non arrivare al pasto successivo. Furono davvero momenti brutti quelli perché avevo toccato il fondo, pesavo allora 38 kg per 167 cm. Dall'inizio della mia malattia persi più di 26 kg, inizialmente volevo semplicemente arrivare ai 50 kg, poi ogni volta che arrivavo al mio obiettivo questo scendeva. E nemmeno quel 38 non era più abbastanza. Non credo di essere scesa ulteriormente, non mi dissero più il peso perché ero parecchio insistente e sapevano che per me era semplicemente "troppo peso". Non ho ancora avuto il coraggio, a distanza di due anni, di guardare la cartella clinica di quel periodo. Il pomeriggio era il momento più straziante perché c'era molto tempo libero e io e le mie compagne di ricovero facevamo le cosiddette "maratone" nel parco dell'ospedale. Il tutto per bruciare calorie. Ricordo che io chiamavo chiunque in quelle maratone, da mia mamma alla mia prof di inglese, che sopportava tutti i miei pianti e i "brutti" pensieri che avevo. La ringrazio per essermi stata vicino. Quando il dolore dell'anima aumentava e diventava insopportabile, ripresi a tagliarmi dopo tanto tempo, questa volta sul braccio, cosicché il mio dolore fosse ben visibile a tutti. Adesso, su quelle cicatrici tanto ripassate con la chiave dell'armadio, così me le facevo, ho fatto un bel tatuaggio che rappresenta le zampe dei miei due cagnolini. Ma quelle cicatrici, se in quel periodo erano motivo di soddisfazione, con il passare degli anni diventarono motivo di estrema vergogna. Me le sono lasciate alle spalle, adesso, finalmente...

La sera quasi tutte guardavano un film o chiamavano i propri cari, io camminavo insieme ad altre ragazze nel corridoio delle camere e, quando ci scoprivano, dopo la sgridata andavamo a fumare e ricominciavamo, più veloci di prima perché avevamo perso tempo.

Ricordo il dolore ai piedi, alla schiena perché ovviamente non avevo più nessun muscolo, mi ero incurvata molto, e i pianti ogni volta che sentivo mia mamma.

Non ci fu una, e dico una volta, che guardai un film, in quel ricovero. Tuttora non li guardo spesso, perché non sono più abituata a stare così tanto tempo concentrata.

9) Il Body Perception Treatment: test della corda

Un giorno la dottoressa che si occupava del gruppo di dispercezione corporea mi prese in disparte, una volta finito il gruppo nel quale mi ero aperta dicendo che mi vedevo obesa, e mi propose di fare un test: consisteva nel raffigurare con una corda la circonferenza della coscia che pensavo di avere mentre, con un'altra corda, lei avrebbe misurato la circonferenza effettiva della mia coscia. Ci fu silenzio, tanto silenzio. Infatti, quello che io scoprii fu decisamente inaspettato: la circonferenza effettiva era minuscola, neanche grande come la mia mano. Io piansi, piansi molto e le chiesi di potermi fare di nuovo il test perché non ci credevo. Lei non lo fece, perché sarebbe stata l'ennesima conferma della mia malattia, come i costanti body check che facevo allo specchio.

Quella fu la prima volta in cui mi scontrai con la cruda verità, in cui capii dentro di me che forse ero effettivamente "troppo" magra. Allo stesso tempo non riuscivo a capacitarmene quindi continuavo a fare iperattività e a non toccare cibo, andando avanti ad integratori ipercalorici. Lì, infatti, i miei pasti furono per metà del percorso integratori e ricordo che, per l'esattezza, ne assunsi quarantacinque in tre mesi. Una follia.

C'erano dei momenti di estrema difficoltà, come ad esempio quando mi cadde addosso la pastina macchiando la mia maglia bianca preferita: lì mi sentii un grande fallimento. Oppure quando nascondevo i biscotti o la marmellata nelle magliette a maniche lunghe, sporcandole tutte. Ma a me non interessava sporcare i vestiti, l'importante era che non mangiassi quei cibi.

Però tra tutte le cose brutte, riuscii anche ad affrontare alcuni cibi che per me erano diventati fobici come, ad esempio, la mozzarella. La maledetta mozzarella, la chiamavo. Ricordo di aver provato tanta rabbia e imprecai contro la dietista, ma la ringrazio perché, se oggi riesco a mangiarla senza problemi, è anche merito suo. Quando uscii dalla sala da pranzo, ho ancora la foto, avevo tutto il mascara colato fino al mento e piansi durante tutto il monitoraggio, fino a farmi venire gli occhi gonfi.

Cominciavo a pagare le conseguenze di questa brutta malattia: perdevo ciocche intere di capelli e avevo dei buchi in testa, mi era sparito il ciclo mesi prima e iniziai ad avere dolori fortissimi al fegato, così mi fecero degli esami specifici e scoprimmo che stavo avendo un danno epatico causato dai tanti farmaci che assumevo e dalla grave malnutrizione. I valori delle mie transaminasi erano pari a quelle di un'epatite. Gli specialisti, così, mi prescrissero delle flebo tutte le mattine ma, un giorno, qualcosa andò storto: l'ago della flebo uscì dalla vena e sentii un dolore atroce. Ricordo che ero in chiamata con mia mamma e che lanciai un urlo terribile. Non mi feci abbattere da questa cosa e, nonostante avessi paura degli aghi, mi ero talmente abituata a fare i prelievi che non me ne accorgevo più. Iniziavo ad affrontare con il sorriso queste flebo, facendo ad esempio delle foto buffe: cominciavo ad essere io più forte della malattia, e l'ho sempre pensato.

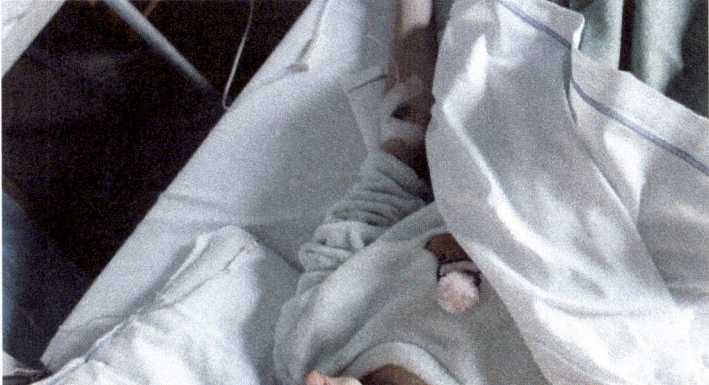

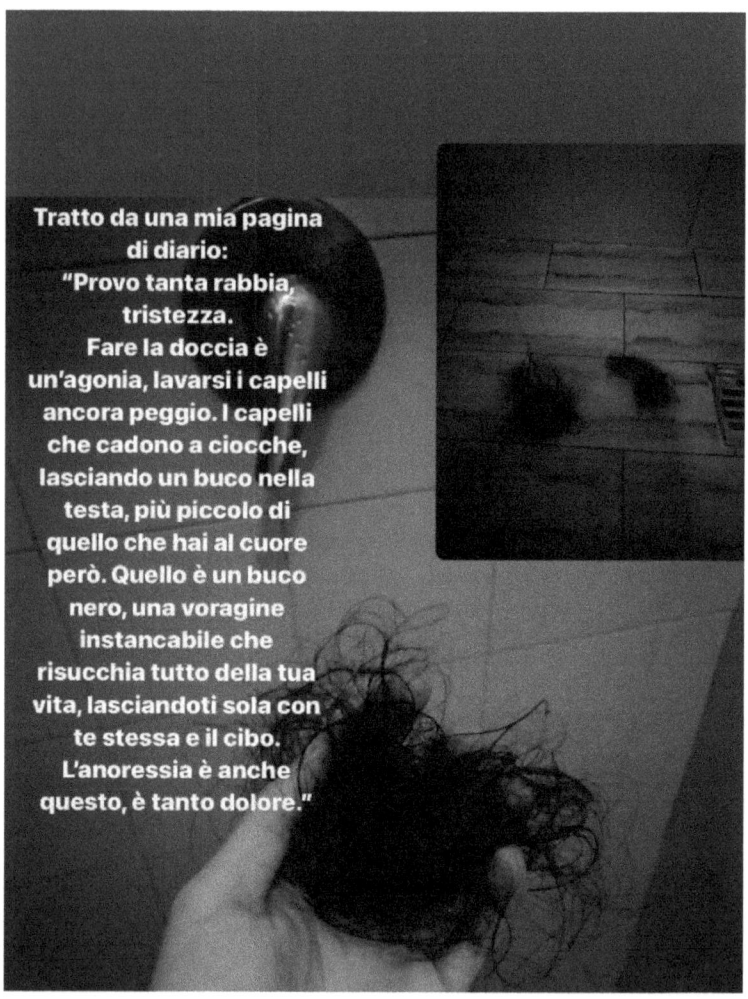

Tratto da una mia pagina di diario:
"Provo tanta rabbia, tristezza.
Fare la doccia è un'agonia, lavarsi i capelli ancora peggio. I capelli che cadono a ciocche, lasciando un buco nella testa, più piccolo di quello che hai al cuore però. Quello è un buco nero, una voragine instancabile che risucchia tutto della tua vita, lasciandoti sola con te stessa e il cibo. L'anoressia è anche questo, è tanto dolore."

I giorni passavano e qualche miglioramento effettivo c'era: mangiavo per inerzia ma mangiavo, sul fronte iperattività invece non c'erano miglioramenti significativi.

Quel periodo fu estremamente difficile però mi servì essere ricoverata per prendere peso: presi 6 kg.

Il ritorno a casa fu semplicemente magnifico: mi mancava molto la mia famiglia e la mia cagnolina! I miei genitori, in tre mesi di ricovero, essendo lontana da casa, vennero a trovarmi due volte. La prima cosa che feci durante il viaggio fu fermarsi in un supermercato con mamma a comprare la merenda: un pacco di cracker senza sale e un succo di frutta, da mangiare in macchina. Il viaggio fu tranquillo e, tornati a casa, mi aspettavano tantissimi regali! Il regalo che mi colpì di più fu quello di mia sorella gemella Alessandra, che mi realizzò all'uncinetto un bellissimo cappello in lana con un'etichetta con scritto "TVB geme!"

Fu una bella sorpresa ma, la cosa più bella, era essere a casa con i miei cari. Quello non aveva prezzo.

SPDC

10) Il ponte

Ero a casa quasi da un mese, seguivo abbastanza bene la dieta dell'ospedale anche se era molto alta e, ogni tanto, cadevo nelle vecchie abitudini. Avevo ripreso le mie visite ambulatoriali e ad andare a pranzo al centro. Era un giorno di primavera, e noi pazienti del centro avevamo organizzato un caffè al bar prima di pranzo. Mi ero vestita molto semplice: maglietta a tre quarti a righe, tuta rosa in cui ci stavo tre volte e scarpe bianche. Nella borsa avevo messo il caricatore del telefono, il mio profumo preferito ai fiori di ciliegio, cuffiette, quadernino con penna, portafoglio con soldi, sigarette e accendino. Insomma, apparentemente l'essenziale. In realtà era tutto studiato al singolo dettaglio: avevo un brutto presentimento quel giorno. Mi avevano tolto gran parte dei farmaci nel giro di qualche giorno, a causa del dolore al fegato, e iniziai a delirare. Ricordo che ero in piazza e stavo ascoltando la solita canzone che rappresenta il periodo peggiore della mia vita: "pieces dei sum 41", una canzone che racchiude il mio malessere di allora. *"Ho provato ad essere perfetto ma niente ne valeva la pena", "Questo posto è così vuoto e i miei pensieri così invitanti, non so come può essere andata così male"*, queste sono alcune frasi tradotte della canzone. Ascoltando proprio queste frasi, scesi dal pullman e mi diressi verso il ponte della stazione e, piangendo silenziosamente, mi sporsi troppo dal muretto che separava il marciapiede dal vuoto che dava sui binari, ad un'altezza prepotente. Aprii le braccia, inalando l'aria impregnata di smog. Non so cosa mi prese, ero come dissociata dal mio corpo, non stavo pensando alla gravità del gesto che stavo pensando di fare. Un passante sul marciapiede mi vide e corse nella mia direzione: quel signore, sulla sessantina con i capelli grigi e gli occhiali da sole, mi salvò dal gesto terribile che stavo per compiere: finire la mia vita.

Mi consolò, voleva chiamare un'ambulanza, visibilmente preoccupato. Io mi ero come risvegliata da un incubo e lo rassicurai: *"Non si preoccupi, ora vado in ospedale perché mi stanno aspettando per il pranzo"* dissi con un filo di voce. E mi diressi verso il centro con tantissimi pensieri.

Una volta arrivata l'operatrice mi chiese, come ogni giorno, come stessi. *Tutto come sempre*, andai ad appoggiare le cose nello stanzino e poi, con tanta vergogna, tornai da lei dicendole che dovevo parlarle urgentemente. Lei si fermò, ascoltandomi attentamente. Sinceramente non mi ricordo come gliel'ho detto, ma in qualche modo le ho spiegato cosa fosse successo mezz'ora prima. Mi abbracciò e mi disse di scendere in sala comune con le altre pazienti a giocare a carte. Dopo qualche minuto venne a prendermi dicendomi che doveva accompagnarmi in un posto, di radunare tutte le mie cose e che avrebbe chiamato la mamma. Io li capii subito che mi avrebbe accompagnata al pronto soccorso e così fece. La pregai in tutti modi di non farlo perché non volevo far preoccupare i miei genitori, ma mi disse che ci avrebbe parlato lei senza spiegare nei dettagli cosa fosse successo e che non dovevo preoccuparmi. Fu molto riservata, effettivamente, i miei scoprirono cosa successe solo dopo molti mesi, quando io lo raccontai. All'arrivo di mia mamma in pronto soccorso, io notai che stava piangendo in silenzio. Aspettammo per più di quattro ore ed io ero attaccata ad una flebo di ansiolitico. Mi portarono in reparto e io lì mi sentii estremamente stupida e sola. Non sapevo cosa mi aspettava. Infatti non rispettavano la mia dieta e, proprio in psichiatria, persi il peso che avevo acquistato in ospedale: non mangiavo più nulla.

Quelli furono giorni molto intensi. Ero imbottita di farmaci, completamente sedata, sinceramente non ricordo nemmeno molto. Conobbi i miei compagni di reparto, erano simpatici! In particolare Andrea fu di estrema importanza nel mio percorso: iniziare a provare dei sentimenti dopo tanto tempo, ricordo di aver scritto una lettera a me stessa proprio tra quelle mura. Qualche mese dopo però la stracciai quella lettera, presa da una delusione. Un giorno stavo facendo lezione online, come sempre, perché la maturità era alle porte. Ricordo che stavo studiando chimica, in particolare dovevo fare un'interrogazione. Arrivò l'ambulanza per un'urgenza. Vidi morire davanti a me una ragazza e mi spaventai molto. Mi promisi che nella mia vita non avrei mai più anche solo pensato di compiere gesti pericolosi. Venni dimessa due giorni prima della maturità.

11) La maturità

Il 21 giugno 2021 fu, credo, il giorno più bello della mia vita, quello in cui mi sentii più soddisfatta e realizzata. Ricordo l'ansia di discutere la mia tesina ma soprattutto di rivedere i miei professori che non vedevo da quasi un anno. L'ansia del vestito che, secondo me, mi ingrassava, la paura di venire giudicata per il mio aspetto fisico. Non accadde nulla di tutto questo. Arrivata davanti alla scuola, vidi la prof. Scali, che mi fece una sorpresa venendomi a trovare in quel giorno speciale. Cercai di non piangere solo perché ero truccata: fu un'estrema gioia rivederla! Poco prima di entrare a scuola, invece, ebbi un'altra sorpresa: mia zia Stefania, che pensavo fosse al lavoro, mi portò un girasole. Ho sempre amato i girasoli e, specialmente nei ricoveri, li disegnavo spesso e li presi come fiore di riferimento: infatti il girasole è per me simbolo di felicità, di resilienza e di tenacia. Era arrivato il grande momento di entrare a scuola, salii nell'aula insieme alla mia mamma, e mi venne da piangere appena varcata la porta: vidi tutti i miei professori! Presi coraggio, salutai educatamente, e iniziai a discutere la mia tesina. Fu un'estrema gioia poterla discutere in presenza, nonostante avessi fatto tutto l'anno scolastico online. I miei prof. erano molto emozionati, e io lo percepivo. Qualsiasi voto mi avessero dato, sarei stata contenta perché per me questa era una grande vittoria: una vera vittoria! Finito l'orale, ricordo ancora la prof Petrone che mi fece un grande sorriso e che mi disse: **"Veronica, ce**

l'hai fatta! Sei una ragazza fortissima e determinata. Abbiamo sempre creduto in te!" Mi misi a piangere ringraziandoli, ho un ricordo bellissimo della mia discussione di maturità.

Qualche giorno dopo vennero pubblicati i risultati: ottanta centesimi. Fu la mia prima grande vittoria, la prima di tante altre.

Comunità **per disturbi alimentari**

13) I primi mesi

Entrai in comunità in piena estate. Faceva caldo, tanto
caldo, ma io mi vestivo con strati e strati di vestiti perché
avevo i brividi. Non fu semplice il primo periodo: per i
primi quindici giorni mi tolsero il telefono, non potevo
sentire nessuno dei miei cari, questa era la prassi. Non
sapevo come passare le giornate, quindi camminavo
molto e, non avendo il contapassi, ricordo che li contavo
a mente, per poi segnarli su un quadernino. Questa
abitudine venne segnalata dalle operatrici agli specialisti
e, la psichiatra, mi consigliò di imparare a lavorare
all'uncinetto da alcune mie compagne per passare il
tempo, rigorosamente seduta. Titubante, ci provai e
riprovai e, in un mese, riuscii a concludere il mio primo
progetto per il compleanno della mia gemella: un mini
cactus peluche. Il primo di tantissimi lavori.

Il giorno del mio compleanno mia mamma venne a trovarmi in sala visite e mi porto tantissimi regali, i più belli furono quelli delle mie sorelle: Martina mi regalò un bellissimo quaderno su cui scrissi i miei pensieri tutti i giorni per quattro mesi e Alessandra realizzò per me una borsa all'uncinetto.

Fui estremamente felice!

I mesi passavano velocemente e in comunità scoprii la mia dote creativa e manuale, anche grazie all'arteterapia. Ricordo benissimo le sedute con l'arteterapeuta, che mi faceva riconoscere le mie emozioni esprimendole con colori su foglio. Uno dei miei lavori più incisivi fu ad acquerelli, che continuai a coltivare anche fuori dalla comunità: era un albero in autunno, che perde foglie colorate sul terriccio fresco.

A dicembre uscii in permesso per la prima volta e, con le mie sorelle, andai al mercato. Fu una mattinata spensierata, all'insegna dei regali di Natale tra le bancarelle. Portai loro dei regali fatti a mano da me, e furono contentissime.

Quella fu la primissima volta, dopo ben cinque mesi, che ci vedemmo.

Il Natale in comunità fu veramente noioso. A colazione mangiai dopo anni un pezzo di panettone! Dopo il solito monitoraggio, in cui si facevano attività ludiche programmate, andai in camera e videochiamai la mia famiglia per scartare la miriade di regali che mi fecero i miei cari: avevo un'ora di tempo e, una volta finita la videochiamata, tornai alla solita vita di comunità ovvero stare in compagnia a fare uncinetto o a colorare. Bello, però stancante stare nove mesi rinchiusa in una casa di cura con tante regole rigide da dover seguire. Il Capodanno fu ancora più triste: ricordo che mi diedero la terapia alle 21, compreso il sonnifero, facemmo un brindisi con la tisana al finocchio e crollai in un sonno profondo.

14) Il mito di Narciso

Era la primavera del 2022 e, reduce dal colloquio con la psicologa, feci un riassunto della seduta sul mio diario. Il mito greco di Narciso narra che egli avesse molti innamorati, che lui costantemente respingesse fino a farli desistere. Narciso (in greco antico: Νάρκισσος, Nárkissos) è un personaggio della mitologia greca, un giovane cacciatore, famoso per la sua bellezza. Figlio della ninfa Liriope e del dio fluviale Cefiso, nel mito appare incredibilmente crudele. A seguito di una punizione divina, s'innamora della sua stessa immagine riflessa in uno specchio d'acqua e muore cadendo nel lago in cui si specchiava.

Esistono diverse versioni del mito. Il narciso è un fiore con un odore particolare, considerato il fiore della morte. Io la morte l'ho sfiorata e ne sono consapevole, adesso. Quello che forse cercava di spiegarmi la psicologa è che si può cercare la bellezza fuori da noi, ad esempio come fanno i pittori dipingendo, gli scultori, gli scrittori che fanno ciò che gli piace e descrivono cosa provano nell'osservare l'esterno, trovando piacere nell'altro. I pensieri giudicanti ce li hanno tutti, anche se non lo ammettono. Se anche fossi diversa, che problema ci sarebbe? Non devo trasformarmi per questo ma essere consapevole di ciò che sono e provo quando si presentano questi pensieri, che dicono qualcosa della mia persona, di come funziono e non c'è nulla di male. Non devo vivere la vita, o più nello specifico, il percorso come qualcosa per trasformarmi ma è il pensiero che conta, quello che mi spinge a cambiare.

Ma questo non fu il solo scritto che feci dopo la seduta, infatti ne scrissi molti altri. Ad esempio, ho scoperto di essere una persona con pensieri parecchio giudicanti nei confronti di me stessa e degli altri. Quando riconosco il pensiero posso ascoltarlo, legittimarlo e scinderlo da ciò che sto vivendo. Tendo a pensare alla vita come ad una prestazione continua, una vita vetrina di un negozio che deve attirare clienti ed essere sempre perfetta per guadagnare l'attenzione delle persone assicurando di stare facendo un buon acquisto. Parallelamente, penso che lo facciano pure le persone nei miei confronti e, di conseguenza, spendo tante energie nel rendermi amabile, appagabile. Come se la mia abilità dipendesse da questo.

La chiave della vita e del percorso è la consapevolezza, che cresce strada facendo.

15) Le prime vittorie

Cominciavo ad odiare la comunità, mi sentivo in gabbia in quel posto, ma riconosco di avere fatto i primi passi avanti dal punto di vista alimentare. Ad esempio, il 20 novembre 2021 mangiai la pasta al pesto per la prima volta dopo un anno e mezzo. Non la finii, ma era pur sempre PESTO! Piansi molto ed ero comunque arrabbiata con la nutrizionista! Io ho sempre amato la pasta al pesto ma, paradossalmente, fu uno dei primi condimenti che cancellai dalla mia dieta per molto tempo perché *troppo calorico*. Scrissi nel mio quadernino, quel giorno:

"appunto perché mi piace, sento di non meritarmela e la visualizzo solo ed esclusivamente come calorie in più che ho in corpo, che si accumulano e mi fanno ingrassare a dismisura." A fine giornata, lontana dai pasti e dalla rabbia che provavo, continuai così: *"mi è difficile ammetterlo ma posso dire di provare una certa soddisfazione per non aver ceduto completamente alla malattia. Riconosco che devo fare ancora tanta strada però credo di potercela fare. Obiettivo di domani: provare almeno una volta a mangiare TUTTA una cosa che mi fa paura, se mi si presenta sul vassoio. Devo provarci, o rimarrò per sempre in questo limbo"*. E il giorno dopo, manco a farlo apposta, mangiai TUTTA la marmellata SENZA nasconderla, dato che la tentazione era molto forte.

E se per me erano vittorie, per la nutrizionista non erano "abbastanza" perché, spesso e volentieri, avanzavo pur sempre qualcosa sul vassoio per non tradire la malattia.

Il 1 febbraio 2022 misi in discussione la mia volontà di

guarire e scrissi nel mio quaderno: *"A me non sembra nemmeno di avere un disturbo alimentare, sinceramente. Mi chiedo cosa ci faccio qua…Perché devo prendere peso se ci sono persone che stanno peggio di me? È frustrante essere costantemente circondata da persone malate e io continuo a fare mille paragoni con i comportamenti e le fisicità altrui. È la stessa logica di **se quello si butta da un ponte (bella metafora, azzeccatissima tra l'altro per il mio vissuto) perché non posso buttarmi anche io?** È immorale farlo, non devi farlo perché qualcun altro lo fa. Forse perché vuoi vivere, tu. E infatti, io voglio vivere normalmente, e fare esperienze da condividere con gli altri, avere un ragazzo che mi ama, mangiare con lui e coltivare ricordi sereni…"* questo scrissi, quel 1 febbraio 2022.

16) Ritorno a casa

Facevo fatica, da qualche mese a quella parte, nel stare con i miei compagni o chiunque. Mi rinchiusi in me stessa perché mi sentivo profondamente giudicata. Ne parlai con la psicologa ma, al posto che migliorare, la situazione peggiorò. IO NON RIUSCIVO PIU' A STARE IN COMUNITA'! Non ascoltavo più nessuno e trasgredire le regole era all'ordine del giorno. Chiesi aiuto ai miei genitori e loro iniziarono ad informarsi per cercare uno specialista che avrebbe potuto seguirmi al di fuori della comunità.

Due settimane dopo, presa dall'esasperazione, una sera feci le valige facendomi aiutare dall'unica persona con cui parlavo di tutto: una mia cara compagna, con cui avevo creato un bel rapporto che coltivammo, per qualche mese, anche fuori dalla comunità. Ricordo che lei era seduta sulla mia valigia e io stavo impacchettando alla rinfusa, in sacchetti che mi dava la mamma quando mi portava i vestiti, tutti i gomitoli e i libri che erano in camera, quando entrò l'operatrice per darci la buonanotte. Si trovò di fronte al caos totale, due complici che stavano radunando tutti gli oggetti che mi appartenevano. Lei si arrabbiò molto e mi disse che era una scelta affrettata, aggiungendo che ne avrebbe parlato con la specialista il giorno seguente.

Ma tu non hai capito, io domani ME NE VADO! urlai io. *Non voglio più stare qui, mi mancano i miei cari! Lo spiegherò io alla psichiatra!* Il giorno dopo arrivò, mi chiamò in ufficio la psichiatra e io le spiegai le mie motivazioni per cui intendevo dimettermi. Dopo circa 9 mesi di comunità, quello stesso giorno tornai a casa, pronta per una nuova vita: la VERA VITA!

Nuova presa in cura

17) la dottoressa Gentile
Quando ancora ero in comunità, i miei genitori trovarono come specialista che potesse seguirmi, una volta fuori, la dott.ssa Gentile, grazie a una conoscente, che ringrazio tanto per avermi fatto conoscere una specialista come la dottoressa: colei che l'aveva salvata dopo tanti anni di anoressia.
Ad aprile dello scorso anno ebbi la prima visita di conoscimento con la dottoressa. Ero tanto spaventata, esausta del percorso complicato e fallimentare che avevo fatto prima di conoscere lei. Ma fu la svolta conoscerla e dovete credermi! Dopo avermi fatto tantissimi esami e test, mi prescrisse la dieta al secondo incontro. Appena la visionai scoppiai a ridere: *"Ma che dieta è? Non ce la farò MAI!"* le dissi, piangendo. Furono tanti gli scontri durante i primi mesi: io non volevo ancora seguire le indicazioni che la dottoressa mi dava! Ricordo un episodio, non potevo nemmeno andare al concerto a cui desideravo tantissimo andare con il mio "migliore amico", perché sarebbe stato troppo pericoloso per la mia salute per varie ragioni e, non ultima, per lo sforzo fisico dovuto al viaggio (il concerto si sarebbe tenuto in un'altra regione). Insomma, non era il caso di andare a nessun concerto e, ringrazio la dottoressa per aver insistito affinchè io non ci andassi.

18) I primi segni di miglioramento

Il metodo della dottoressa funzionava, io stavo effettivamente migliorando e prendendo, poco alla volta, peso. Etto dopo etto mi stavo ricostruendo. Non ero felice di questo cambiamento, ma ora so che era necessario.

La dottoressa fu sempre molto paziente e lo è tuttora, perché mi segue ancora. A giugno uscii per la prima volta, dopo veramente tanto tempo, con un ragazzo. Ebbi la mia prima relazione, una relazione tanto desiderata e voluta da parte mia. Pensavo fosse la persona giusta, lo feci conoscere alla mia famiglia, ma mi lasciò dopo qualche mese. Quella fu la mia prima delusione d'amore, e ce ne volle di tempo per riprendermi. Arrivò l'estate e andai al mare con i miei genitori e i mei zii a fare le vacanze così da cambiare aria e rivedere un po' il mare, che non vedevo da anni. Effettivamente, non solo mi servii per staccare la cosiddetta spina ma anche per conoscere Alessia, una ragazza che abita vicino a me, anche lei sola con sua mamma al mare, facemmo subito amicizia diventando inseparabili per quelle tre settimane. Mi divertii molto con lei, facendo serate tranquille all'insegna dello shopping e gossip vari, distogliendo l'attenzione dalla mia delusione d'amore. Tuttora ci sentiamo e vediamo, anche se con meno frequenza perché siamo molto impegnate entrambe.

19) Passi da gigante

Tornata dal mare, festeggiai pochi giorni dopo il mio compleanno con i pochissimi amici che mi erano rimasti, la mia gemella e Alessia. Conobbi un altro ragazzo tramite una conoscente e cominciai a frequentarlo ma, dopo dieci giorni, lo lasciai. Una relazione breve ma priva di ogni base essenziale: la fiducia, il rispetto e i propri spazi.

Un mese dopo, conobbi un altro ragazzo, mi lasciò perché non poteva dedicarmi troppe attenzioni…Decisi, quindi, di non cercare PIÙ ragazzi perché avevo capito, con l'ennesima delusione, che non avevo bisogno di un ragazzo per essere completa. Il percorso andava sempre meglio, tanto che la dottoressa mi diede il permesso di andare in palestra ad allenarmi seguita da una personal trainer. Fu la notizia più bella che potesse darmi! Mi sentii orgogliosa di me stessa, potevo finalmente scaricare la tensione in un modo sano e, intanto, ricostruirmi un po' i muscoli che avevo totalmente perso durante la malnutrizione.

Un giorno, era il 6 dicembre 2022, chiesi ad un ragazzo muscoloso in palestra come si facesse un esercizio, sperando potesse capirci più di me (non che ci volesse molto). Quel ragazzo si chiama Mattia, ed è il mio attuale ragazzo. Iniziammo a frequentarci pian piano, in un modo molto tranquillo e fu tutto molto graduale, persino il primo bacio avvenne dopo parecchie uscite. Io, che sono sempre stata impaziente, non cercavo più l'amore ma fu l'amore stesso a venire verso di me, improvvisamente. Ad oggi, sono sei mesi che usciamo insieme e abbiamo coltivato tanti ricordi ed esperienze che mai avevo fatto! Con lui sono felicissima, mi sento libera di potermi esprimere al duecento per cento e sono semplicemente contentissima.

Finale - Oggi

20) **Il bruco si sta trasformando in farfalla**

Ad oggi, posso dire di stare uscendo da questo brutto periodo della mia vita. Ho un ragazzo al mio fianco che mi vuole molto bene, che mi supporta, che mi ascolta e mi sta vicino nei momenti no, vivo semplicemente diversamente e non sfogo sul cibo. Ho una famiglia che è SEMPRE stata dalla mia parte e anche un nuovo cagnolino, Gastone! Tuttora sono in terapia dalla dottoressa Gentile, faccio un gruppo terapeutico e le visite ambulatoriali che, se prima erano rigorosamente ogni settimana, adesso sono più distanziate! Mi rendo conto che la strada è ancora in salita ma, se mi guardo indietro, vedo anche che ho fatto passi da gigante. Attualmente sto studiando profumeria per diventare "Fragrance Evaluator" e mi sto realizzando anche professionalmente. Il merito è mio certo ma non solo, devo dire un grazie alla mia specialista e a tutte le persone che mi vogliono
bene per quello che sono!

Questo libro lo dedico a tutti coloro che mi sono stati vicini, che ho già elencato agli inizi del libro, ma il riconoscimento più grande va proprio a lei: la dottoressa Gentile, le sarò per sempre grata! Ora sorrido veramente, perché comincio a vivere sul serio!

Veronica Quitadamo